PROBLÈMES ET DOCUMENTS INÉDITS D'AUVERGNE

ASSAUTS, SIÈGES ET BLOCUS
DE SAINT-FLOUR
PAR LES ANGLAIS
Pendant la Guerre de Cent Ans (1356-1391)

SAINT-FLOUR CLÉ DE LA FRANCE

PAR

MARCELLIN BOUDET

Président du Tribunal de Saint-Flour

EXTRAIT DE LA *REVUE D'AUVERGNE*, ANNÉE 1893

CLERMONT-FERRAND
TYPOGRAPHIE ET LITHOGRAPHIE G. MONT-LOUIS
2, Rue Barbançon, 2

1893

PROBLÈMES ET DOCUMENTS INÉDITS D'AUVERGNE

ASSAUTS, SIÈGES ET BLOCUS
DE SAINT-FLOUR

PAR LES ANGLAIS

Pendant la Guerre de Cent Ans (1356-1391)

SAINT-FLOUR CLÉ DE LA FRANCE

PAR

MARCELLIN BOUDET

Président du Tribunal de Saint-Flour

EXTRAIT DE LA *REVUE D'AUVERGNE*, ANNÉE 1893

CLERMONT-FERRAND
TYPOGRAPHIE ET LITHOGRAPHIE G. MONT-LOUIS
2, Rue Barbançon, 2

1893

PROBLÈMES ET DOCUMENTS INÉDITS D'AUVERGNE

ASSAUTS, SIÈGES ET BLOCUS DE SAINT-FLOUR

PAR LES ANGLAIS

Pendant la Guerre de Cent Ans (1356-1391)

SAINT-FLOUR CLÉ DE LA FRANCE

I

ASSAUTS, SIÈGES ET BLOCUS DE SAINT-FLOUR
PAR LES ANGLAIS

Les lignes qui suivent ne sont que de simples notes empruntées aux preuves d'une publication actuellement sous presse : *Les Registres Consulaires de Saint-Flour* en langue romane, de 1376 à 1405. Cette publication n'est elle-même qu'un des cartons de preuves de l'Histoire de la Guerre de Cent Ans en Auvergne, tout juste un peu plus connue que la guerre de Troie. Le peu qu'on en a dit, le cadre général à part, est si plein d'erreurs que tout est à refaire, à commencer par la chronologie de la plus terrible crise que notre pays ait traversée.

Voici, par exemple, une ville isolée sur son faisceau de prismes, au pied du Plomb du Cantal, que l'on a crue à peine tâtée par les Anglais pendant la guerre de Cent ans, qui en a duré 37 en Auvergne ; un chef-lieu d'évêché, une place frontière de premier ordre, une des « clefs de la France », pour emprunter le langage des généraux et de tous les rois de la guerre anglaise, qui aurait assisté avec la sérénité du pic de Ténériffe au déchaînement des compagnies anglaises roulant à ses pieds, si l'on en juge par les brèves et vagues mentions des uns, par le silence complet des autres. On va voir ce qu'il en faut penser.

A regret, je laisse leur aridité à cette série de textes originaux et contemporains. Il serait plus agréable au lecteur de les voir, plus agréable surtout à l'écrivain de les présenter au public, hâves et sanglants, dans la mise en scène d'un récit plus ou moins dramatique. Le récit viendra plus tard. On est parti trop tôt pour écrire cette histoire, nous en devons subir les conséquences et nous résigner à faire ennuyeux avant de faire amusant. Portons les matériaux à pied d'œuvre, l'architecte et le maçon se trouveront toujours.

Cette note est, au surplus, un utile complément des Registres des consuls de Saint-Flour au xive siècle. Ceux qui les écrivirent étaient des gens froids et fermes, endurcis par de plus grandes souffrances et plus aguerris que les bourgeois de Clermont, de Riom ou de Montferrand. Ils ne font point de sentiment, ne s'échappent pas en réflexions, en récits de combats, en gémissements. Le comptable ne mentionne, comme dans tous les documents de cette nature, que ce qui se traduit en dépenses, sauf de bien rares exceptions. Il chiffre le drame comme un compte de ménage. On devine mais on ne lit pas les sièges, les assauts et les blocus de leur ville en parcourant leurs comptes. Distribué du vin aux archers sur les remparts, tant; porté les canons et les boulets sur telle tour, tant; vin aux arbalétriers qui ont fait une sortie de nuit, tant; tant aux hommes qui sont allés au bas de la ville pour « désembusquer » les Anglais des moulins; tant aux « embuscadeurs » envoyés pour épier l'ennemi; tant pour l'artillerie expédiée au siège de tel château; tant pour boucher telle brèche ou remettre les grilles de tel égout; tant pour les prisonniers. Parfois cependant leurs angoisses transpirent aux prières publiques que les consuls font dire dans les grandes circonstances et où ils portent des torches de cire au nom de la cité.

Dans les lettres adressées aux rois, au parlement, aux généraux, leurs malheurs et leurs détresses se révèlent au contraire avec un peu plus de précision; et, comme les ordonnances qui en sont la suite ont l'habitude de rappeler, au commencement, le libellé des requêtes auxquelles elles répondent, elles sont un bien expressif commentaire des comptes municipaux. Je n'ai extrait de ces documents que les passages relatifs aux attaques directes des Anglais contre la place. S'il avait fallu y joindre les plaintes générales sur les dévastations, les misères, la famine, la dépopulation, l'émigration en Aragon, en Aquitaine, — oui, en Aquitaine, chez les Anglais, pour échapper à la cupide administration de Jean de Berry; — s'il avait fallu citer tous les textes parlant des combats livrés au dehors par les milices sanfloraines, des sièges qu'elles ont mis devant les forteresses, la note aurait été plus que décuplée.

Toutes les villes ont envoyé, par force, des soldats aux sièges voisins, sur réquisitions des lieutenants du roi, de leurs officiers, sur délibérations des États de la province; elles le faisaient en rechignant, après des marchandages interminables, au cours desquels les Anglais augmentaient naturellement leurs conquêtes; on peut assister à ces palabres sans fin dans les registres des consuls de presque toutes les villes, ceux de Montferrand entr'autres. On voit en Basse-Auvergne une population de bons bourgeois économes et peu guerriers qu'on ne force à sortir que l'huissier dans les reins.

Le Sanflorain n'est pas batailleur non plus de sa nature, et il est autrement pauvre que l'habitant des grasses villes de la Limagne. Ce qui le caractérise, c'est qu'il défend plus fort son argent que sa peau. La bataille quotidienne, l'insécurité permanente ont singulièrement développé le patriotisme chez ces tisserands, ces taverniers, ces manœuvres, ces gens de chicane. Le Conseil des Jurats a une véritable politique militaire qui va jusqu'à l'attaque. Il prend l'initiative. Il n'ordonne pas seulement, comme ailleurs, des patrouilles pour dégager les abords de la place. Il décide spontanément le siège des châteaux voisins ; il y envoie au besoin ses seules troupes ; quand elles enlèvent le fort, il est impitoyablement rasé, sans le moindre égard pour les protestations du seigneur qui ne l'a pas su garder, et tous les assiégés pris sont mis à mort ; telle est la tactique de la ville. Et dans ces troupes, qui ne sont pas les milices pour rire du xvie siècle, on rencontre des notaires, casque en tête et plusieurs fois blessés, des clercs et des juges à cheval, et le prieur lui-même, la dague au poing. Enfin, dans certains cas, l'expédition est entreprise sous l'impulsion de l'opinion populaire, et le tout Saint-Flour du temps marche au combat avec un extraordinaire entrain, comme dans les affaires de Montbrun, de Chaliers, de Montsuc, de Brossadol et d'Alleuse. Cette différence entre le bourgeois montagnard et le bourgeois de la plaine provient évidemment des incessantes luttes que le premier a été contraint de soutenir pendant deux générations, luttes restées jusqu'à ce jour sans historien.

Déjà le 13 février 1356 (nouveau style), sept mois avant la défaite de Poitiers (lundi 19 septembre 1356), Guillaume de Pension, bailli royal des Montagnes, motivait, comme il suit un sévère mandement qu'il fit lire et publier à son de trompe à la porte du Tuile : — « Attendens, ut » dixit, quod Anglici et inimici regni Francie totis viribus » suis, ut percepit per fide dignos..., conabantur, et se, » *multipliciter venuti*, sperabant, de *die in diem, occu-* » *pare*, suo posse credendo, *dictam civitatem (Sancti* » *Flori)* (1). » Il prescrivait certains travaux de défense à exécuter séance tenante, sous peine de mort pour les cinq commissaires de la ville qui en étaient chargés.

(1) *Arch. S. Flour*, ch. II, art. 2, n° 17. *Orig. sur parch.*

De 1357 à 1363, Saint-Flour fut souvent attaqué, assailli surtout au sud, par les compagnies de Bertucat d'Albret, maître de Caylus en Carladès, évacué en 1360 (1), puis du fort château de Montbrun (commune de Lavastrie, canton Sud de Saint-Flour), château plusieurs fois pris et repris, et définitivement conquis sur lui en 1363, au mois de juin, après une véritable et sanglante bataille livrée sous les murs de la place ; bataille demeurée inconnue des historiens de la guerre. Les seules troupes de Saint-Flour eurent 300 hommes tués ou blessés, sur 4 à 500. La ville ne put être enlevée, mais elle fut considérablement endommagée, ainsi qu'il ressort du passage suivant d'une lettre du roi Jean, en date du 2 août 1363 (2) : — « Dilecti et fideles
» nostri consules Sancti Flori nobis exponere fecerunt
» quod cum Bertugatus de Lebreto, miles, et dictus
» Sandos cumque pluribus complicibus suis, inimicis nos-
» tris, et Regni nostri nuper proditionaliter castrum de
» Montebruno prope civitatem Sancti Flori occupassent ;
» per quos, a decem annis citra, dicte civitatis et diocesis
» predicte Sancti Flori fuerunt mille persone interfecte et
» amplius ; et quod nefandum est, dicte ecclesie in quibus
» corpus Christi etiam existebat, combuste fuerunt ; *dicta*
» *civitas et diocesis dampnificata de quatuor centum*
» *milibus florenis auri et ultra, et adhuc incessanter*
» *dampnificantur* (3). »

Bertucat d'Albret avait été fait prisonnier à la bataille

(1) Commune de Roussy, canton de Montsalvy. Les archives de Saint-Flour renferment *(Rôles et Impositions)*, un rôle de taxe de 1360 sur la ville, pour le rachat de Caylus, et un ordre d'imposition en Carladès par le Gouverneur du pays.

(2) Où se trouve le récit du combat de Montbrun et de la capture de Bertucat d'Albret et de son lieutenant Raymond-Bernard de La Roque, dit Sandos.

(3) *Arch. S. Flour*, ch. IV, art. 6, n° 3. *Orig. sur parch*. Pièce mal traduite et dénaturée par l'Inventaire de 1789, que M. Paul de Chazelles a reproduit sans contrôle et sans recourir au texte original. Il appelle « Beranger de Le Breton » le célèbre Bertucat d'Albret *(de Lebreto* en latin) fait prisonnier dans ce combat ; prend pour des Anglais de Montbrun les mille victimes qu'ils avaient tuées dans le diocèse ; fait de l'aventurier gascon Sandos l'illustre Jean Chandos, connétable d'Aquitaine pour le prince de Galles ; fait autoriser les Sanflorains à recevoir la rançon des prisonniers,

de Montbrun. Les Sanflorains voulaient absolument le passer par les armes ; mais, ayant reçu la liberté du vicomte de Murat, ennemi de la ville, moyennant un pacte d'alliance avec ce vicomte, il réunit les débris de ses bandes, que la prise de Brioude par Seguin de Badefol (13 septembre 1363, *Parvus Thalamus de Montpellier*) avait attirées, et se rua sur Saint-Flour avec une sorte de rage pour se venger de ce que les habitants avaient décidé froidement de le mettre à mort s'ils le prenaient à Montbrun, et fait tous leurs efforts pour exécuter cette résolution après la bataille. Les compagnies du vicomte de Murat, Guillaume de Cardaillac, celle d'Adémar d'Uchel (en Quercy), que le vicomte avait prise à sa solde, firent aussi la guerre à Saint-Flour à cette époque (1).

A lui seul, Bertucat d'Albret donna plusieurs assauts à la ville (1363-1366). Dans une lettre adressée à son frère, Jean de Berry, le 18 décembre 1366, pour lui enjoindre de cesser ses persécutions contre Saint-Flour, Charles V rappelle quelques-unes des épreuves que la malheureuse cité eut à subir après sa victoire de Montbrun : « Les faurs-
» bours de la dite cité *rachetez par plusieurs fois* de noz
» ennemis, dit-il, et, *depuis, par deux fois ars et destruiz*
» pour le fait de nos guerres; la dite cité *plusieurs fois*
» combattue (assiégée), par nos diz ennemis; plusieurs mors
» et occis d'une partie et d'autre, en icelle combattant...
» pour lesquelles choses les diz complaignans sont devenuz
» à telle povreté qu'il n'ont de quoy il puistz bonement
» vivre, et sont en voie et propos de lesser le dit païs

tandis qu'ils se plaignaient au contraire au roi de ce que Bertucat d'Albret avait été admis à rançon par le vicomte de Murat, au lieu d'être mis à mort ainsi qu'il avait été convenu entre eux et le vicomte de Polignac, etc. *(Dictionn. hist. du Cantal, Notice Lavastrie,* v. 519; et *Notice S. Flour,* III, 366). — MM. Bouillet, Durif et autres ont répété toutes ces erreurs sur la foi de qui les avait mises au jour. On peut juger par là du degré de confiance que mérite le peu qu'on a publié jusqu'ici pour l'époque de la guerre de Cent Ans.

(1) *Arch. S. Flour,* ch. IV, art. 6, n° 4. *Orig. sur parch.* — Les Archives nationales renferment une copie de cette pièce : JJ, 97, n° 167, Lettres de rémission à Pierre d'Estaing, évêque de Saint-Flour.

» et d'aler demorer au dit duchié de Guienne (1). » Il résulte de ce document que, de 1363 à 1366, Saint-Flour fut assiégé au moins quatre fois ; que quatre fois au moins ses faubourgs tombèrent aux mains de l'ennemi ; que deux fois ils furent rachetés, et deux fois livrés aux flammes et détruits par les Anglais.

A la même époque, et probablement par les mêmes mains, la ville de Pierrefort fut prise et soumise à rançon par les Anglais. Elle fut en outre par deux fois pillée et brûlée avant le mois de juillet 1363 : « In combustione » et depredatione ville Petrefortis, quæ *bis*, per inimicos » regni *fuit combusta et depredata*, et ad maximam » redemptionem posita (2). » Elle fut incendiée une troisième fois en 1373 (3).

Il en fut de même de Murat, la seconde ville de la prévôté de Saint-Flour éloignée de 23 kilomètres seulement du chef-lieu, deux heures de cheval. La ville prise, pillée et en partie brûlée en 1357 (4), fut encore la proie des compagnies entre 1363 et 1365 (5), les fortifications furent alors « démolies par les Anglais » aux gages de Cardaillac, et les habitants « obligés de quitter (6) ». Quant

(1) *Arch. S. Flour*, ch. II, art, 1, n° 1. *Orig. sur parch.*
(2) *Arch. nat.* JJ, 91, n° 491. Lettres de rémission pour Raymond de Peyre, seigneur de Pierrefort.
(3) Cette fois elle ne fut pas incendiée tout entière. Le pillage et l'incendie, imputés à tort à un clerc nommé Etienne de Clavières, furent le fait d'Arnaud-Guillaume, bâtard d'Armagnac, et de sa compagnie d'aventuriers au service de l'Angleterre, ainsi qu'il résulte d'une ordonnance de Bertrand de Montclar, vicaire de l'évêque, rendue, après enquête, le 23 mars 1374 (nouveau style) : — « Cum nobilis Arnaldus Guillelmi » alias dictus Bastardus de Arminhaco, cum sua comitiva gentium armorum, venisset » in loco Petrefortis, idem.... apparuit in hospicio quodam Bertrandi posito in » loco Petrefortis quo incendio ipsum hospicium et alia hospicia ejusdem loci in magna » multitudine cum bonis existentibus in eisdem hospiciis, fuerunt concremata. » (*Arch. nat.*, JJ, 108, n° 214.)
(4) Traité de Begon, vic. de Murat, avec les habitants. (*Dict. hist.*, Cant. IV, p. 405).
(5 et 6) *Mémoire sur la généalogie des vicomtes de Murat*, manusc. inédit de l'abbé Teillard, curé de Virargues près Murat; fait sur pièces au commencement du xviii° siècle. — Copie certifiée de la main de M. Aubépin, archiviste du Cantal, aux archives de ce département, pages 9 et 12. — On doit savoir grand gré à cet archi-

aux châteaux du pays enlevés et détruits, quant aux bourgs et villages de la Planèze saccagés et livrés au feu tout autour de Saint-Flour pendant les campagnes de 1363-1365, il est impossible de les dénombrer exactement; mais on peut dire sans une trop grande témérité que ceux qui échappèrent furent l'exception (1). Pendant tout ce temps Saint-Flour fut dans la fournaise.

Une compagnie anglaise sous la conduite d'un capitaine du nom de « Sennezorgues » ou plutôt Sennezergues (2) ayant réussi à s'emparer des faubourgs, y bouta le feu avant le milieu d'août de 1363; peut-être était-il aux ordres de Bertucat d'Albret. Quoi qu'il en soit, il paraît s'être engagé aussitôt dans l'armée d'Henri de Trastamare, alors en Auvergne. Après le traité de Clermont du 23 juillet 1362, ratifié le 13 du mois suivant, les Espagnols de Trastamare se dirigèrent sur les Pyrénées pour aller avec Du Guesclin détrôner Pierre le Cruel. Un de leurs détachements, commandés par un hidalgo du nom de don Fanho, passa par Saint-Flour dans la seconde quinzaine d'août, et lui donna l'assaut. On peut suivre les destructions de 1363 dans les rôles sans pouvoir distinguer toutefois celles des Anglais et des Espagnols (3). On voit que les assaillants réussirent à rompre les barrières depuis le Pont jusqu'au haut de la ville, à gravir la rue de la Coste, aujourd'hui la rue des Tuiles-Bas et des Tui-

---

viste de la peine qu'il a spontanément prise de copier ce manuscrit et celui de Cistrières, pour en enrichir le dépôt confié à sa garde et qu'il a augmenté, en outre, par des acquisitions intelligentes.

(1) Voir notamment *Arch. nat.* JJ. 98, n° 224, fol. 70. — *Arch. de Saint-Flour*, chap. IV, art. 6, n° 4. Orig. — *Arch. nat.* JJ, 97, n° 267. — Mémoire précité de l'abbé Teillard et *Hist. manusc. de la vicomté de Carladez*, par Sistrières, lieut. gén. du Carlades.

(2) Sennezergues, commune du canton de Montsalvy, arrondissement d'Aurillac, fief appartenant pour partie à la famille de la Roque. Cette même année 1365, Aton de la Roque fut massacré par les habitants d'Aurillac pour avoir voulu livrer leur ville à Bertucat d'Albret. Il s'était engagé dans ses bandes. (*Arch. nat.*, JJ, 98, n° 224.)

(3) *Arch. Saint-Flour*, boîte Roles et Impositions.

les-Haut; qu'ils pénétrèrent dans le faubourg « Sous-le-Tuile » qui touche au rempart et qu'ils échouèrent devant la porte du Tuile. Là, ils furent repoussés ; mais ils se vengèrent en brûlant les faubourgs dont ils s'étaient emparés. Il n'y avait presque plus de maisons debout au bas de la côte, davantage au milieu et peu de dégâts à portée d'arbalète de la porte du Tuile. Un des Anglais de Sennezergues qui avait incendié les faubourgs avec lui fut fait prisonnier ; les Sanflorains voulaient le mettre à mort, suivant leur usage. Pierre Roger, bailli de l'évêque, le rendit ou le vendit à don Fanho ; ce pourquoi le parti municipal poursuivit et fit arrêter ce bailli que l'évêque sauva plus tard. Un des chefs d'accusation était ainsi conçu d'après les lettres de grâce qui lui furent accordées au mois de février 1367 : — « Quod quendam » pillardum stantem de societate de Senayzorgues, cap- » tum, diffamatum, qui cum eo erat *dum barri dicte* » *ville combusti fuerunt* per eundem Senayzorgues, ex » post in societate Yspanorum quando in Sancto Floro » venerunt, cepit et, ad requestam de Donfanho, capi- » tanei eorumdem, ipsum sibi reddidit absque aliqua » punicione de eo facienda (1). »

Jusqu'au départ de Bertucat d'Albret, de Seguin de Badefol et de leurs compagnies pour la seconde expédition d'Espagne avec Du Guesclin à la fin de 1365, Saint-Flour fut en lutte constante avec les Anglais indépendants et ceux au service du vicomte usurpateur de Murat. Son seigneur, l'évêque Pierre d'Estaing se vit même obligé d'enrôler à son tour des compagnies de routiers pour lutter contre eux (2). Quand on en prenait on les pendait à Saint-Flour (3).

(1) *Arch. nat.*, JJ, 97, n° 195.
(2) *Arch. Saint-Flour*, chap. IV, art. 6, n° 4.
(3) Le bailli de Saint-Flour, Pierre Roger, fut encore poursuivi par les habitants pour n'avoir pas fait justice avec les autres d'un certain Hugue de Beaupuy, capturé en 1365 lors de la reprise de Paulhac (canton Sud de Saint-Flour). — *Arch. nat.*, JJ, 97, n° 195.

Le 13 avril 1369, dans une protestation extrêmement énergique adressée au duc de Berry et d'Auvergne, les Sanflorains disent à l'odieux concessionnaire que leur ville est encore assaillie et guettée de jour et de nuit par les compagnies anglo-gasconnes de Bertucat d'Albret, dont la vengeance n'est pas encore assouvie depuis l'affaire de Montbrun et d'autres combats qu'ils lui ont livrés ensuite en divers lieux. Voici le passage : — « Civitas Sancti
» Flori... *est* per inimicos regni *de die et nocte insidiata,*
» et specialiter per dominum Bertugatum de Lebreto et
» ejus comitivias, colore assalimenti facti in loco de Mon-
» tebruno per habitantes predictos aut aliquos eorumdem,
» et conflictu facto in loco predicto et in aliis locis bail-
» live... ; plus facto, in suburbiis predictis *quorum ali-*
» *qua pars incendio destructa* (1) ». Ainsi, en 1369, Saint-Flour fut de nouveau attaqué avec fureur par le plus implacable de ses ennemis et le plus célèbre des partisans anglais du temps ; une partie de ses faubourgs fut de nouveau prise et détruite par les flammes.

Le 6 avril 1371, Charles V diffère d'un an l'échéance des dettes de Saint-Flour menacé de déconfiture, par la raison que les habitants « avoient souffert très grans
». pertes et dommages par les ennemis de notre royaume,
» les quieux se sont *par plusieurs foiz efforciez de prendre*
» *et embler* (enlever d'assaut) ladite ville et ont *ars*
» (brûlé) *la plus grande partie des faubours* d'ycelle
» ville et gasté le païs d'environ (2) ». Il ne s'agit plus là de tentatives de ruse mais de véritables coups de force.

Le 11 juin 1372, le même prince ordonne au bailli des Montagnes de faire payer la taille municipale aux marchands anoblis de Saint-Flour parce que « eadem villa
» Sancti Flori... *in magna parte fuit devastata, et ignis*

---

(1) *Arch. de Saint-Flour.*
(2) *Id.*

» *incendio combusta in suburbiis ejusdem*; » et qu'elle a grand besoin d'argent (1).

Chaque fois, les faubourgs se relevaient que bien que mal, diminués, se rétrécissant, ne formant plus que des îlots de masures. On entoura chacun de ces îlots de murailles, de levées de terre, de fossés; on les ferma de portes auxquelles on mit des gardiens ; on coupa leurs rues de barrières. Ils devinrent autant d'avant-postes.

C'est ce que les auteurs du *Dictionnaire historique du Cantal*, qui n'ont pas ouvert autre chose que l'*Inventaire* souvent défectueux des archives municipales, ont pris pour la construction des remparts mêmes de la cité (2). Sans parler du récit des hagiographes de saint Odilon, qui attribuent à ce fondateur de la nouvelle ville (1020 env. à 1048) l'édification de son enceinte fortifiée, Urbain II datait « *in oppido* Sancti Flori » la bulle qu'il y fulmina en décembre 1095, lorsqu'il vint prêcher la première croisade dans cette « place forte » après le concile de Clermont. Le *Dictionnaire du Cantal* a confondu avec la construction, les réparations prescrites en 1345 par Philippe de Valois à toutes les villes fortifiées et à tous les châteaux. Et c'est là une de ses moindres erreurs.

Quant aux ruines du faubourg de la Bastide qui était avant la guerre une paroisse munie de son église (3) et d'un fortin ainsi que son nom l'indiquait, elles servirent de car-

(1) *Arch. Saint-Flour*, chap. X, titre IV, art. 3, n° 2. *Orig. sur parch.*, adis scellé.

(2) *Dict. hist. du Cantal*, t. II, p. 414, article de M. Durif, d'Aurillac, et t. IV, p. 305, article *Saint-Flour*, de M. Paul de Chazelles, qui fait construire la grande enceinte tout d'une pièce en 1345 !

(3) *Mêmes arch.* Boîte : *Rôles et Impositions*. La peste de 1345 à 1346 contribua, il est vrai, grandement à dépeupler le faubourg de la Bastide. (Même boîte.) Cette église était dédiée à Notre-Dame. Sa Vierge miraculeuse était, en 1642, dans l'ancienne rue de la Coste ; elle est aujourd'hui dans l'église du faubourg où on l'honore sous le vocable de Notre-Dame de Fridière. Dom Branche parle de ses miracles et de son pèlerinage (*Hist. des Saints d'Auvergne*). Le nom de la famille Fridière se trouve fréquemment aux rôles et aux registres de Saint-Flour pendant le xive siècle.

rière de matériaux aux nouveaux petits faubourgs et à la ville elle-même pendant près de 30 ans (1). De 206 familles imposables dont se composait cette paroisse en 1338 et de 175 en 1345, elle était tombée à 17 en 1362, à 7 l'année suivante, enfin à 6 en 1364. Deux petits noyaux jalonnèrent son emplacement dès le commencement du règne de Charles VI, celui de la famille Fridière qui laissa son nom à ce groupe encore subsistant, et ce qu'on appelle aujourd'hui le faubourg des Tanneries, près de l'usine à gaz.

A la fin de 1376 et au commencement de 1377 (2), Saint-Flour est encore quotidiennement aux prises avec les garnisons anglaises de Haute-Auvergne et du Quercy qui l'attaquent sans relâche, et souvent avec de très grandes forces. Froissart a complètement faussé l'idée qu'on se fait parfois de la guerre de Cent ans dans notre pays quand il rapporte que les capitaines anglais de notre région pouvaient, en se réunissant, former un corps de 600 lances. Bertucat d'Albret, à lui seul, marchait souvent avec 500 lances, 1,000 ou 2,000 chevaux. La ligue de Carlat sous les Caupène et Ramonet de Sor en avait davantage. Le seul château d'Alleuse avait 300 chevaux (3).

Donc, au début de l'année 1377, la vieille enceinte du comtour de Nonette depuis la porte des Roches jusqu'à l'entrée orientale de la rue de la Frause (alors rue de la Vernèse) ne pouvant plus leur résister, la ville avait entrepris de la refaire en l'avançant au bord du roc sur certains points ; elle occupa pour cela quelques dépendances de l'hôtel épiscopal et même une partie du château primitif de la ville, dit de Brezons (4). L'évêque s'étant opposé à la continuation des travaux, lorsqu'il fallut

---

(1) *Reg. consul. de* 1376 à 1405.
(2) *Mêmes arch.*, chap. X, titre I, art. 4, n° 4. Orig. sur parch.
(3) *Arch. Saint-Flour*, chap. IV, art. 6.
(4) *Registres consulaires de* 1376 à 1405, surtout à partir de 1391.

perforer la tour et une tourelle du vieux château pour faire passer le chemin de ronde chez lui, Charles V donna à son bailli des Montagnes, Pierre de Lar, damoiseau, des pouvoirs spéciaux et « de main souveraine supérieure » pour protéger les consuls et faire achever les travaux d'urgence, même par la force, au nom de l'utilité publique ; sans avoir plus d'égard aux oppositions de l'évêque qu'aux décisions du métropolitain de Bourges, et aux sentences de la cour papale elle-même. Le roi donne les motifs suivants d'une décision si grave, dans ses lettres patentes du 2 janvier 1377 : « Quia inimici nostri et
» regni castra et fortalicia de Carlato, et Turlanda (1), et
» Revello (2), de Anglars (3), de Conhaco (4) quæ aliqui
» ipsorum occupant et patriam undique discurrunt, *dictam*
» *civitatem insidiare, capere et occupare nisi sunt et*
» *nituntur;* et propter hoc quod plures ipsorum inimi-
» corum [magno] numero, *die noctuque sepissime...*
» [incurrunt contra eam]; prope dictam civitatem habi-
» tantes ejusdem, *quandoque armata manu debellare*
» [ipsos opportuit]... plures de dicta civitate priso-
» narios fecerunt, et aliquos occiderunt ; et est veri-
» militer timendum ne dicta civitas... propter deffec-
» tum... deffensionis [capta sit et de ipsa] potientur ;
» irreparabile quod, et in destructionem tocius patriæ,
» sicut dicunt (5) ».

(1) Commune de Paulhenc, canton de Pierrefort, arrondissement de Saint-Flour. Pris trois fois au moins.

(2) Ravel, commune de Picherande, canton de Latour, arrondissement d'Issoire ; confins du Cantal. Pris deux fois.

(3) Deux Anglars en Haute-Auvergne : Anglars-de-Saint-Flour, canton Sud de Saint-Flour et Anglars de Salers, canton de Salers. — Deux en Quercy, dans le canton de la Capelle-Marival, arrondissement de Figeac près de la Haute-Auvergne, et dans le canton de Luzech, arrondissement de Cahors.

(4) Coanac, château, commune de Varaire, canton de Limognes, arrondissement de Cahors. — Peut-être faut-il lire *Comhaco*. Ce serait alors Comiac, très fort château du Quercy, près la frontière d'Auvergne, que Berducat d'Albret, puis Ramonet de Sor occupèrent longtemps. *(Hist. du Quercy.* Lacoste, t, III, *passim.)*

(5) *Arch. S. Flour*, Titres non classés. Petite boîte. Orig. sur parch.

Le commissaire royal, accouru sur cet ordre, constatait, le 19 mai suivant, que la capitale des Montagnes courait, en effet, le plus grand péril, par suite de ces attaques : « Constatque nobis, » dit-il, « dictam civitatem et patriam » montanorum Arvernie esse in magno periculo propter » inimicos regni tenentes loca de Carlato, de Turlanda, » de Revello et *multa alia* in dictis montanis et locis cir- » cumvicinis (1). »

Les nobles de la prévôté de Saint-Flour, assemblés ce jour-là dans la « salle de Brezons », ainsi que les délégués d'Aurillac et de Rodez approuvèrent ces mesures dictatoriales. Le commissaire royal prononça l'expropriation, pour cause d'utilité publique, sauf indemnité à régler à dire d'experts, de toute la partie de l'hôtel épiscopal nécessaire à la défense; cassa de son chef les décisions contraires de Déodat Erail, bailli du Gévaudan, commissaire pourtant du Parlement de Paris; ordonna de passer outre aux foudres canoniques; intima à l'entrepreneur et aux ouvriers l'ordre de continuer les travaux séance tenante sous les peines « du faux et de la trahison, » c'est-à-dire de la mort.

Les officiers, les sergents de l'évêque ayant voulu s'opposer à l'exécution de ces ordres avant la solution de l'appel interjeté par le prélat, il y eut une émeute. La situation faite par la brèche était si périlleuse et les esprits si exaspérés que trois cents Sanflorains, gens de caractère ordinairement posé, prirent les armes, se ruèrent chez les gens de loi de l'évêque, enfoncèrent la maison de son procureur général et du juge de son temporel pour les tuer. Pons d'Aurouse, prélat très bon, sortit pour apaiser la sédition. Saisi, frappé, sa robe et son rochet mis en lambeaux, traîné sur les remparts par le peuple pour en être précipité, il ne fut arraché qu'à grand'peine aux mains d'une foule forcenée.

(1) *Arch. St-Flour*. Titres non classés. Orig. et Registre consulaire de 1376-78, etc...

Jean de Berry, qui était en ville avec ses gens d'armes, voulait sévir; l'évêque le supplia de n'en rien faire et pardonna tout (1). Les armes du roi furent arborées sur le chantier, des troupes furent déployées, et, aucun ouvrier n'osant mettre la main à l'ouvrage, le commissaire de Charles V fit démolir les tours et bâtiments par les sergents eux-mêmes. Les Anglais attaquèrent pendant les travaux et furent repoussés.

C'est à cette occasion qu'un plan en relief de la place « *la figura de la viala,* » fut apporté à Paris par les consuls, dans une « *bauge de cuir*, » pour être mis sous les yeux du grand Conseil et du roi, indépendamment d'un plan dessiné (2).

Dans une requête au roi, présentée en 1380 ou 1381, à la suite d'une nouvelle inondation des bandes anglo-gasconnes, de leurs récentes conquêtes et du blocus de la ville, les habitants s'expriment en ces termes : — « Ladite
» ville est assize en frontière de vos annemiz et environ-
» née des forteresses de Carlat, de Meylet (3), de Murat
» la Ghassa (4), de Montjusieu (5), de Sailhenz (6),
» de Maisons (7), de Montsuc (8), de Fortuniers (9) et

---

(1) *Arch. St-Flour*, chap. IV, art. 6, Titres non classés. — *Reg. consul. de 1376-1378.*

(2) *Reg. consul.* de 1376-1378.

(3) Malet, commune de Sarrus, canton de Chaudesaigues.

(4) Murat-la-Gasse, commune de Polminhac, canton de Vic-sur-Cère, arrondissement d'Aurillac. Pris par les Anglais le 7 août 1380. *(Reg. cons. St-Flour,* 1380).

(5) Montgieux, commune de Mercœur, canton de La Voûte-Chilhac, arrondissement de Brioude, dans une commune confinant au canton nord de Saint-Flour. *Mons judeus* au Cartulaire de Brioude st aux Archives de Saint-Flour; *Montjus, Montjuis, Montjusieux, Monjusieu* aux mêmes archives.

(6) Canton nord de Saint-Flour. Pris en 1380, vendu au maréchal de Sancerre et évacué en 1383 ; repris par les Anglais en 1388 ; racheté en 1390 ; réévacué au printemps de 1391. *(Reg. consul.)*

(7) Commune de Vabres, canton nord de Saint-Flour. Château repris les 6-7 août 1382 par les milices de Saint-Flour.

(8) Commune de Soulages, canton de Ruines. Repris en août 1382, par Robert de Chalus, lieutenant du maréchal de Sancerre. *(Reg. de* 1382-83).

(9) Commune de Dienne, canton de Murat. Pris alors, pour la seconde fois, par Aimerigot Marchès. Peut-être est-ce Vèze-Fortuniers, cant d'Allanche, arr. de Murat.

» autres plusieurs forz occupez par voz annemiz ; et
» les diz forz de Sailhens et de Maisons sont à un quart
» de lieue près de la ville, et *tous les jours sont* et courent
» devant la ville, si que aucun des habitanz d'icelle
» n'en osent ou pevent issir sans péril de mort ou estre
» prisoniers des diz ennemis ; et les tiennent si court que
» de III nuis en III nuis, il convient que tous les habitans
» de ladite ville, tant gens d'église comme autres veillent
» et facent guet sur les murs ; et *aussi que par les diz*
» *ennemis a esté tant mis à mort des habitans de ladite*
» *ville qu'il ne suffisent pas à garder icelle*, et leur
» convient à faire de nouvelles forteresses (1) ».

Le 29 juillet 1380, le roi remettait 500 livres à la ville sur les impôts qu'elle lui devait, en considération des attaques journalières dont elle était l'objet de la part des Anglais : — « Et *sont chascun jour* nos ennemis devant
» ladite ville (2) ». Ce secours fut le dernier bienfait de son grand protecteur. Charles V mourait le 16 septembre suivant.

D'autres documents contemporains des archives municipales dépeignent la place comme *insidiata de die et de nocte*.

La trahison fut aussi souvent employée que la force. En 1395, Charles VI rappelle que « depuis vingt-cinq ans en arrière », c'est-à-dire de 1370 à 1391, date de l'évacuation, les Anglais ont fait à Saint-Flour « *la plus forte*
» *guerre qu'ilz ont peu* », et l'ont ruiné par leurs attaques. Il ajoute : — « Et, avec ce, pendant ledit temps, iceulx
» nos ennemis se sont efforciez en toutes les manières
» qu'ilz ont peu et seu prendre à occuper ycelle ville
» de Saint-Flour, et y ont, plusieurs foiz, esté veus et
» sentus *par nuit avec eschieles et autres artiffices et en-*

---

(1) *Arch. St-Flour*. Pièces non classées. Minute sur parch.
(2) *Arch. St-Flour*. Chap. IV, art. 6, n° 6. Orig. d'expédition, du 14 août 1380, sous le sceau de la prévôté de Paris. La lettre du roi est datée de Vincennes.

» *gins* pour la cuidier *prendre et escheler* par trahi-
» son (1). »

La reprise de Montsuc qui se rendit à Robert de Chalus, lieutenant du maréchal de Sancerre (6 août 1382), celle du château des Maisons enlevée par les troupes de la ville à la même date, le rachat du Saillant et de Montgieux par le maréchal (1383) ne lui laissèrent qu'un très court répit. L'occupation d'Alleuse à la fin de septembre 1383 par le bâtard de Garlan, qui coïncida avec la réoccupation de Turlande par Chopin de Badefol; peu après celle de Roquenatou par Ramonet de Sor; puis celle de Malet (arrondissement de Saint-Flour), du Cluzel près de Murat; la prise de Curvale, de Valon (1383), de Cromières, trois places du Carladès; la reprise du Saillant (1388) et d'autres forts tels que Châteauvieux, Messillac, etc., l'entourèrent d'établies si nombreuses qu'elles formaient une armée par leur réunion. Ses murs furent battus d'attaques plus fréquentes que jamais.

La vie de la place, cernée de la sorte, ne fut de 1383 à 1390 qu'une suite d'assauts, d'échelages de nuit et de jour ou de blocus, dans l'intervalle d'un pâtis à l'autre, et souvent même pendant les pâtis qui furent « d'un tiers du temps » écoulé d'une de ces dates à l'autre, soit deux ans et demi environ sur huit. Quant aux tentatives de surprises par la trahison, par l'introduction dans les égouts, à l'aide de déguisements les jours de foires ou de processions, ou autres stratagèmes, elles paraissent avoir été innombrables.

En outre de celles que citent les consuls dans leurs comptes ou que des documents spéciaux révèlent, beaucoup de ces tentatives sont sous-entendues; on les pressent aux doublements, aux quintuplements des gardes, aux feux de nuit, aux distributions extraordinaires de vin faites par les consuls parcourant les postes la nuit sur les rem-

(1) *Arch. St-Flour.* Chap. X, titre 1, art. 4, n° 10. Origin. sur parch.

parts, aux sorties de jour et de nuit qu'ils mentionnent. Aux issues extérieures ou intérieures dans les murailles qu'ils font à chaque instant boucher, on peut compter les trous de mines pratiqués avec les barres de fer par les Anglais, la nuit, au pied des remparts.

Il est bon de dire ici que les compagnies ne procédaient pas autrement pour l'attaque des places. Organisées pour les courses à grandes distances et à grande vitesse, composées de cavaliers et de chevaux entraînés, dont le système consistait à tomber à l'improviste, au point du jour, *à l'alba*, sur la ville désignée par le chef, après une marche de nuit de quinze à dix-huit lieues, ils n'emmenaient avec eux ni canons ni balistes. On ne connaît pas une seule ville, pas un seul château d'Auvergne qu'ils aient assiégés suivant les règles adoptées par les armées régulières. Leurs sièges à eux ne duraient que quelques jours. Ils consistaient à s'avancer vite et hardiment jusqu'au pied des portes ou des remparts; et quand l'échelle, l'emploi de la corde à crampons ou le grimpage étaient impossibles, à pratiquer une excavation au bas des murailles, à l'aide de pics et de leviers. Leurs arbalétriers et leurs archers criblaient de flèches les gens de la ville pour permettre à leurs travailleurs d'opérer, ou bien ils couvraient ceux-ci d'un « mantel » de planches formant toiture au-dessus d'eux. A mesure que la sape s'élargissait, les routiers l'étayaient avec des bois secs, puis ils y mettaient le feu et quand les bois debout craquaient en même temps, entraînant avec eux tout un pan de muraille, ils s'élançaient par la brèche. Aux portes, ils usaient aussi du pétard. Lorsque tous ces moyens échouaient par suite d'une vigoureuse défense ou de sorties réitérées, et qu'ils tenaient absolument à s'emparer de la place, ils la bloquaient.

A cet effet, les capitaines font publier un ban dans tous les villages du pays. Interdiction à quiconque d'entrer dans la place ou d'en sortir, sous peine de mort et d'incendie du village d'où on a apporté des vivres. Leurs détachements, disposés autour de la ville bloquée, hors de portée du canon et dissimulés dans les bois ou les hameaux, assurent l'exécution de cet ordre qui est souvent féroce. Ce sont ces blocus dont nous allons tout à l'heure citer quelques textes. Ils étaient tout ce qu'il y avait de plus redouté après la trahison.

La trahison! Dans les débuts, on était bouleversé à Saint-Flour, quand on découvrait ou qu'on croyait découvrir un complot dans la ville pour la livrer à l'ennemi. C'est ainsi qu'en 1355, à la nouvelle vraie ou fausse que des traîtres ont caché des Anglais dans l'évêché, les consuls, suivis d'une population affolée, se précipitent armés de haches, pendant la nuit, sur l'hôtel épiscopal, en brisent les portes et l'envahissent du haut en bas (1); que, lors de la conspiration des chaînes, au mois de septembre de la même année, alors que certains habitants de la ville, vendus à l'ennemi, ont rompu les chaînes de la porte du Tuile, toujours pendant la nuit, pour introduire les Anglais, les consuls, ne sachant plus à qui se fier et soupçonnant jusqu'à leurs magistrats seigneuriaux, dénoncent directement le fait au roi Jean, à Paris (2).

Plus tard, sans avoir moins de vigilance, ils prirent les choses avec plus de sang-froid, car la trahison fut pour eux un des dangers rentrant dans l'ordinaire de leur situation. On en trouve de fréquentes indications dans les registres. Je laisse de côté les périls de cette sorte qui ne sont pas les attaques de vive force, auxquelles la note est particulièrement consacrée.

Maintenant, si on se demande comment une ville réputée inexpugnable put être si souvent assaillie, l'explication est facile quand on connaît les habitudes des aventuriers anglo-gascons. D'abord il n'y a pas à pro-

(1) *Arch. St-Flour*, chap. II, art. 2, n° 27. Orig. sur parch.
(2) *Ibid.*, chap. II, art. 2, n° 15. Orig. sur parch.

prement parler de ville inexpugnable ; ce mot n'est qu'une image. Une fois arrivés devant les portes, après avoir emporté d'assaut les barricades les unes après les autres, il ne s'agissait plus que de les rompre et de faire sauter avec de la poudre les divers obstacles dont elles se composaient. Les murailles, même inaccessibles aux échelles, et elles ne l'étaient pas absolument sur certains points, n'étaient pas infranchissables pour des gens d'une audace folle, comme le gascon Bernard de la Salle, par exemple, un des lieutenants de Bertucat d'Albret, un des fléaux de l'Auvergne haute et basse. Ce capitaine, qui termina sa carrière en épousant une bâtarde des Visconti, ducs de Milan, débuta dans la vie d'aventures en grimpant « comme un chat » — c'est l'expression dont se sert le document contemporain — tout le long d'une muraille de près de cent pieds de haut, à l'aide d'une corde et de pitons de fer successivement plantés par lui dans les interstices ; il fit pénétrer de la sorte ses compagnons dans la ville assiégée (1).

Mais ce que les comptes ne laissent qu'entrevoir, les consuls et les jurats contemporains, tels que Pierre Mercier et Jean Saysset, l'un et l'autre habitant Saint-Flour et lieutenants du bailli des Montagnes, les acteurs eux-mêmes, ceux qui avaient à la main l'arbalète ou le boute-feu sur les créneaux, l'ont raconté ainsi qu'il suit. On comprendra par quelques extraits de leur témoignage quelle vie terrible on mena dans Saint-Flour pendant ces huit années.

Pierre de Galard (1380-1385), puis Bernard, bâtard de Garlan, capitaine d'Alleuse (1383-1391), furent l'âme de leurs ennemis pendant cette période.

« Ut tuitius resisti possent malicie et potencie dicto-
» rum inimicorum qui *nocte [et] die satagerunt dictam*
» *villam occupare,* eamdem opportuit necessarie fortiffi-

(1) Voir *Les Gascons en Italie*. Durrieu.

» care et repparare muris, portis, turribus et barreriis ac
» fossatis pluribus, etiam suburbiis dicte ville (1). Per
» tuicionem et deffencionem predictas, opportuit dictos
» consules et habitantes ville et suburbiorum predictorum,
» scilicet quemlibet eorum, per duas noctes sive in duo-
» bus, et aliquatenus in tribus noctibus uniuscujusque
» septimane, temporibus predictis (1383-1391), vigilare
» sive excubias facere et fore in armis supra muros dicte
» ville, et frequenter assistere in armis custodie prestate
» ejusdem. — Dicti hostes, tempore occupationis predicte
» ad eo frequentaverunt discursus suos, more hostili, cir-
» cumvicina dicte ville [*corr.* quod], *qualibet septimana*
» *ter vel quater, discurrerunt prope dictam villam con-*
» *tra habitantes predictos, exceptis aliquibus paucis*
» *temporibus*, quibus, mediante pecunia data, ipsi
» hostes abstinuerunt guerras facere civitati predicte (2).
» — Pro resistendo hostibus predictis et tuendo suburbia,
» molendina, animalia, et alia bona dictorum habitantium,
» extra fortalicium dicte ville existentia, et vel dictis
» inimicis resistendo, opportuit dictos habitantes exire,
» *et exierunt ipsi habitantes villam predictam in armis*

---

(1) Les fortifications furent augmentées, mises au courant des progrès de l'art militaire et multipliées presqu'à l'excès. Saint-Flour ne fut plus qu'un énorme monceau de pierres noires à l'aspect farouche et sans une seule ouverture extérieure dans son enceinte hérissée de créneaux, de bayettes, de chadefauds, de bistours et de mâchicoulis. Ce n'est qu'après l'évacuation de 1391 que les consuls commencèrent à autoriser quelques citoyens à percer de rares ouvertures dans les remparts auxquels leurs maisons étaient adossées. (V. *Reg. consul.* de 1391 à 1405.)

(2) Ce sont les *pâtis*, ou achats de courtes trèves moyennant finances. Voir *Arch. de Saint-Flour*, chap. IV, art. 6, n° 12; *Invent.*, p. 48, 108 et *Registre consul.* de 1383, les lettres de rémission accordées en 1383 par Jean de Barry à Saint-Flour à l'occasion de ces pâtis. Lettres de rémission accordées par le roi à tout le diocèse de St-Flour pour le même fait (*Arch. nat.* JJ 145, n° 459). Les Registres de 1383 à 1390 sont pleins de ces négociations de pâtis avec les Anglais. Le mot venait de *pactus*. Au mois de decembre 1383, Pierre Drogon, successivement capitaine des châteaux de Meutières (cant. nord de Saint-Flour) et de Châteauneuf, fort détruit du canton de Chaudesaigues, reçoit des lettres d'amnistie parce que : *pactus, secundum ydioma patrie*, pro hominibus dictorum castrorum ... cum dictis inimicis tractavit (*Arch. nat.* JJ 123, n° 284). — Ailleurs : *pactus vulgo pâtis.*

» *sepissime*, temporibus jam dictis contra dictos hostes,
» *fere omnibus horis*, quibus contingit nos hostes discur-
» rere ante seu circa eamdem villam.

» ... Dicti habitantes, adeo, per potenciam dictorum
» inimicorum, fuerunt gravati, [et] persepe caruerunt
» ipsi... victualibus necessariis, et in tantum devenit,
» quod semel fuit deliberatum per consules et saniorem
» partem dictorum habitantium, quod mulieres et aliqui
» homines et alie persone inabiles ad tuicionem et def-
» fencionem dicte ville *expellerentur ab ea*, vel eis
» non administrarentur victualia, ne forte ipsis et aliis
» abilibus ad tuicionem et deffensionem predictas non
» sufficerent. — Multi dictorum habitantium ad tuicio-
» nem et deffencionem dicte ville abiles et necessarii ca-
» ruerunt pane et aliis victualibus, nec repperiebant qui
» daret vel venderet eis bladum, vel panes et alia neces-
» saria pro vita sustinenda ; et opportuit necessario quod,
» per manus justicie et consulum dicte ville, illi qui
» habebant victualia compellerentur ad ea distribuenda
» indigentibus.

» Dicti hostes, ceteris hostibus convenientibus cons
» [ererunt?] oppidum S. Flori... inexpugnabile ; et in
» quo, per obsidium gravati, non poterant blada compa-
» rare ; prebuerunt [consules], ymo gentibus ecclesie vitam
» mendicantibus [almornam] faciebant, quorum frater
» Jacopus, predicator... Sancti Flori villam exire (1), pro
» querendo victualia sua, non audebant ; et ad tantam de-
» venerunt degestatem [quod non] habebant unde vitam
» valerent sustinere, nec esset qui provideret eis, donec
» dicti consules et plures de notabilioribus ville, tante
» religiosorum penurie competentes, questam pro ipsis
» religiosis inter se fecerunt.

» Item per maliciam et potenciam dictorum inimico-

---

(1) Jacques Saysset, frère prêcheur ou dominicain de Saint-Flour. Il appartenait à une famille considérable de la ville et fut prieur des Dominicains.

» rum, tempore quo dictum locum Helodie (Alleuse) oc-
» cuppabant, dicti habitantes, quasi obsidiati, magnum
» deffectum lignorum passi fuerunt, in tantum quod plures
» eorum partem domorum suarum destruere fuerunt
» compulsi, et materias ligneas dictarum domorum [com-
» burere], ad coquendum panes et cibaria (1). »

Un autre mémoire d'un Sanflorain du temps fait le récit suivant pour la même période. Comme le précédent, il a été approuvé par le Conseil des Jurats et adressé au Parlement :

« Les ennemis, pour le temps qu'ils occupoient... la for-
» teresse d'Aloise fréquentèrent moult leurs chevauchiées
» et embusches *devant la ville; tant [que] par aucuns*
» *jours, ils y estoient deux ou trois foiz, et, par la plus*
» *grant partie des sepmaines, y estoient, en chacune,*
» *quatre ou cinq foiz... par la tierce partie [du temps par*
» *lequel les ennemis ont occupé Aloise], laquelle fut par*
» *l'espace de trois ans ou environ*, car ilz la tendrent
» VIII ans ou environ... (1383-1391).

» Par le fait de ladite prise, moult de peuple du pais
» sen ala hors d'icellui, et tant que le pais fut comme inha-
» bité, et pour ce, demeurèrent les héritages en fris-
» che... (2). »

» Entre et sur tous les autres habitans du païs des Mon-
» taignes, avoient grant hayne contre les habitans de
» Saint-Flour pour la résistance que leur faisoient à leurs

---

(1) *Arch. St-Flour*, chap. IV, art. 6, n° 15. Registre assez détérioré. Ce mémoire paraît avoir été rédigé par Pierre Mercier. Il l'a été en 1405. — Cette citation latine met en relief les faits suivants : — 1. Chaque habitant obligé de veiller 2 ou 3 nuits par semaine. — 2. Les Anglais autour de la ville 3 ou 4 fois par semaine. — 3. Sorties fréquentes. — 4. Le Conseil décide d'expulser les femmes et les bouches inutiles. — 5. Réquisitions forcées. — 6. Saint-Flour assiégé par les garnisons anglaises réunies. — 7. Famine. — 8. Blocus par les Anglais d'Alleuse. — 9. On brûle les charpentes des maisons pour faire cuire les aliments.

(2) Second mémoire rédigé, en 1405, par Jean Saisset, de Saint-Flour, jurat, et lieutenant du bailli royal des montagnes, contemporain des faits qu'il raconte (*Arch. Saint-Flour*, loc. cit., § 105.) — On a supprimé les *Item* de ces extraits.

» entreprises. Grant partie du temps que les ditz ennemis
» occuppèrent la forteresse d'Aloise, *ilz firent guerre mor-*
» *tele auzdiz habitans de Saint-Flour* (1). Et, avec ce...
» firent défense à tous autres habitans du pais etant en
» patis ou saufconduit... qu'ilz ne feussent si hardis d'en-
» trer en la ville de Saint-Flour ne y porter [vivres, ar-
» mes], ne autres choses nécessaires pour le gouvernement
» et substentacion des habitans a [peine] d'estre presoniers,
» non obstant seurté ou saufconduit à eulx octroié. Et
» donnoient toujours leurs lettres de patis et saufconduit
» par condition que elles ne profitassant point aux entrans
» ne yssans de la ville de Saint-Flour. Et, de fait, est sou-
» vent advenu que... ont prins plusieurs des ditz habitans
» du pais qu'ils trouvèrent entrans et yssans en ladite
» ville de Saint-Flour, non obstant que iceulx... eussent
» saufconduit; et ce, en hayne des habitans de Saint-
» Flour et pour leur tollir et oster vivres et leurs autres
» nécessitez.

» Les ennemis, qui molt désiroient prendre la ville...,
» ont chevauchié à ce par plusieurs fois; et se sont mis,
» *par nuit et par jour, en aguet et essay de prendre la*
» *ville*, et ont esté près d'icelle par manière d'embusche
» pour la prendre, tuer et emprisonner les gens [d'icelle]
» et occuper leurs biens ». (Suit la liste des victimes (2).

Voilà vraiment les Mémoires de la Ville écrits par elle-
même.

Pendant ces blocus, dont l'un dura près d'une année,
les Sanflorains coupés de leurs moulins établirent un mou-
lin à vent sur la porte de la Frauze, ainsi qu'il résulte des
comptes consulaires... Et ce n'était pas le vent qui man-
quait (3)!

---

(1) La « guerre mortelle » consistait à ne pas faire de prisonniers. On tuait tout ce qu'on trouvait.
(2) *Arch. Saint-Flour*, chap. IV, art. 6, n° 15. Deuxième mémoire des Sanflorains, rédigé d'après les enquêtes, §§ 65 à 70.
(3) *Reg. consul.* 1376-1405.

Relisez maintenant ce qu'en disent Paul de Chazelles et le professeur Gardissal, dans les seules notices qui aient été écrites sur Saint-Flour, faute d'être remontés aux sources dont les archives de la ville sont pleines :
— « Rassurée par sa position et ses bonnes murailles, disent-ils en parlant de la guerre anglaise, elle eut rarement à soutenir des sièges et à repousser des assauts (1). »
On voit ce qu'il faut penser du silence ou des banalités des autres écrivains et le cas qu'il faut faire des histoires sans preuves. Elles obligent notre génération à tout refaire. Et dans toutes les parties de la France elle s'y emploie avec l'excellente méthode moderne.

Prise comme Brioude et Figeac et complètement détruite par les Anglais comme Limoges, la capitale des Montagnes aurait eu sa page ; elle n'eût été cependant qu'un trophée de l'ennemi. Victorieuse, grâce à son héroïque énergie dans une lutte réellement enragée, où elle était l'avant-garde de la France, victorieuse mais couverte de blessures, elle doit à son constant triomphe l'obscurité laissée sur elle par les historiens. Ils ont cru qu'elle était restée debout parce qu'elle avait été peu ou pas attaquée !

La vérité est que peu de places fortes de France, de la Loire aux Pyrénées, furent convoitées avec une plus âpre obstination, assaillies, traquées, bloquées par les compagnies anglaises avec plus d'acharnement et de témérité, pendant les 35 ans écoulés de 1356 à 1391. D'aucune ville d'Auvergne, on ne connaît un duel corps à corps avec l'ennemi aussi prolongé et suivi d'un tel succès. Les Sanflorains survivants le rappelaient eux-mêmes en 1405, au lendemain de l'évacuation : — « Les habitants, disaient-ils en leur langage tranquille, le langage un peu lourd des gens forts, mais exempts de toute forfanterie,

---

(1) *Notice sur Saint-Flour*, 1847. (*Tablettes historiques de l'Auvergne*, IV, 28.) Le *Dictionnaire historique du Cantal* a reproduit Gardissal (III, 305). Ni Mazure (*L'Auvergne au quatorzième siècle*), ni les auteurs de *L'Ancienne Auvergne* n'ont connu le rôle de la capitale du Haut-Pays.

les habitants ont eu moult à souffrir pour le fait de la guerre, *et plus que nulle autre ville du païs d'Auvergne*, pour le grand désir que les ennemis avoient de prendre la ville..., et aussi pour ce que, de tant que les habitans se sont plus efforciez de résister..., de tant plus ont conçeu grant aine contre euls ; et, par ce, se sont efforciez de les gréver (1). ». C'était, en effet, une haine froide et sans bornes qu'il y avait entre eux et les capitaines anglais de la région, la haine de gens qui ont juré de s'égorger.

Les Anglais ne se sont pas plus trompés que Charles V sur l'importance stratégique de la position. Saint-Flour pris, ç'eût été la France centrale ouverte, avec un point d'appui hors ligne pour leurs réserves de troupes et leur butin. Impossible de ne pas voir un plan du système dans des efforts réitérés à ce point. Des chefs de compagnies anglo-gasconnes, tels que les d'Albret, prenaient évidemment leur mot d'ordre sur la direction générale de leurs opérations, surtout après le traité de Brétigny, auprès du Prince Noir, leur suzerain, prince d'Aquitaine, de qui ils étaient personnellement connus, très appréciés, très récompensés, et dont ils fréquentaient la cour.

II.

SAINT-FLOUR, CLÉ DE LA FRANCE APRÈS LE TRAITÉ DE BRÉTIGNY.

En cédant le Rouergue et le Quercy à l'Angleterre, le traité de Brétigny (8 mai 1360) avait fait de Figeac, Aurillac, Saint-Flour et quelques autres un cordon de places-frontières. Saint-Flour était de beaucoup la plus forte. Le rôle de la capitale des Montagnes devint dès lors national. Elle fut, de ce côté, quelque chose comme le Belfort de la France démembrée, et le gouvernement de Paris ne

---

(1) *Arch. de Saint-Flour*, chap. IV, art. 6, n° 15.

cessa d'avoir avec anxiété les yeux sur elle. Ses archives, ses registres attestent les rapports fréquents de ses consuls avec la cour ainsi que la protection qu'elle en reçut constamment. Je viens de citer les textes affirmant l'importance attachée par les Anglais à sa possession, à partir du traité de 1360 ; il me reste à faire la contre-partie, et à rechercher l'opinion de la France dans les documents contemporains originaux.

L'amour-propre de clocher d'une part, des flatteries qui ne coûtaient rien de l'autre, poussaient souvent jusqu'à l'emphase les qualifications données aux villes soit par elles-mêmes, soit par les souverains. Le nombre des forteresses imprenables qui ont été prises est là pour l'attester ; puis, une place était toujours la porte de quelque chose. Ici les gasconnades n'ont rien à voir ; nous sommes, encore une fois, en présence d'une des rarissimes villes-vierges de France ; et pendant trois siècles de guerres la note est restée invariablement la même.

Avant Brétigny, Saint-Flour passait déjà pour une des plus fortes et prééminentes places du royaume :

« Civitas Sancti-Flori fortis, deffensabilis... *de preheminentibus et fortioribus regni extitit* », dit, le 16 janvier 1360, Jean de France, comte de Poitiers, lieutenant du roi en Auvergne, Languedoc, etc... (1).

Après Brétigny, voici comment s'expriment les rois et leurs généraux :

---

(1) *Arch. Saint-Flour*, chap. III, art. 1, n° 2.

25 Juin 1360. — Lettres de Thomas de la Marche, fils naturel du roi Philippe VI de Valois, lieutenant du duc de Bourbon dans les Montagnes d'Auvergne.

Villa Sancti-Flori... in fronteriis inimicorum nostrorum prope octo leucas situata et *securitati patrie multum necessaria* (1).

8 Aout 1360. — Lettres du comte de Poitiers, fils du roi Jean.

Cum [villa S. Flori] sit *de forcioribus totius patrie* et in fronteriis inimicorum (2).

Septembre 1360. — Lettres du duc Louis II de Bourbon, lieutenant du roi et du régent en Auvergne, montagnes d'Auvergne, etc.

Custodia civitatis et fortaliciorum Sancti-Flori tanquam *de forcioribus patrie* (3).

1362-1368. — Lettres de Jean, duc de Berry et d'Auvergne.

Civitas Sancti-Flori est *clavis regni Francie* a parte ducatus Aquitanie (4).

16 Avril 1369. — Requête des consuls au roi Charles V, contre son frère Jean de Berry.

Civitas, etc..., *clavis regni Francie* a parte ducatus Aquitanie (5).

---

(1) *Ibid.*, chap. IX, art. 1, n° 3.
(2) *Ibid.*, chap. II, art. 2, n° 19.
(3) *Ibid.*, chap. II, art. 2, n° 23.
(4 et 5) *Ibid.*, chap. II, art. 2, n° 29. — La même qualification de « *clef de la France* » de ce côté est aussi donnée à Aurillac, en 1368, mais c'est par Pierre Delzon *(Dalso)* « bourgeois d'Aurillac » et lieutenant du bailli royal *(Arch. mun. d'Aurillac.* — Mazure, p. 325). Ces deux villes se jalousaient extrêmement.

1370. — Lettres de Jean, duc de Berry et d'Auvergne.

Quod cum eadem civitas est *clavis et in limitibus regni* Francie a parte ducatus Aquitanie situata a quo ducatu non distat nisi per decem leucas indigeat et diligenti custodia de nocte et die facienda... (1).

4 Juin 1372. — Lettres patentes de Charles V.

Karolus Dei gracie francorum Rex... cum dicta villa [Sancti-Flori] sit *clavis nostri Regni*... prope fronterias dicti ducatus [Aquitanie]... situata (2).

9 Février 1393. — Lettres patentes de Charles VI.

Nous avons oy la suplication de nos bien amez les consulz de la dicte ville de Saint-Flour contenant que *l'espace de trente ans ou environ* icelle ville, *laquelle est la clef de nostre roiaume devers la partie de Guihenne a esté la frontière de nos ennemis* tenans le parti de notre adversaire d'Angleterre à une, deus, trois, quatre, cinq, six et sept lieues de Saillens, d'Aleuse, de Montsuc, des Maisons, de Carlat, de Turlande, de Melet et de plusieurs places et forteresses que nos dis ennemis ont longtemps tenues occupées audit pais, et par iceux nos ennemiz la dicte ville et le pais de environ ont esté si gastez et destruiz que les habitans d'iceulx ont perdu la plus grant partie de leurs biens et chevances, et le surplus... leurs parens et amis qui par yceulx noz ennemiz ont esté tuez et occis ou mors en leurs prisons; et, pour ce, a esté icellui

---

(1) *Ibid.*, chap. 2, art. 2, n° 30 (Invent., p. 55).

(2) *Arch. Saint-Flour*, chap. X, titre Ier, art. 4, n° 4. Orig. d'expédition sur parchemin. — C'est, sans doute, cette charte dont Mazure a voulu parler quand il la cite (*L'Auvergne au quinzième siècle*, p. 220), d'après Secousse (III, 582), et en lui donnant par erreur la date de 1332. Cette expression de « clef du royaume » est postérieure au traité de Brétigny.

pais si despeuplez que plusieurs lieux et paroisses dudit ont par longtemps demeuré et sont encore les autres inhabitables » (1).

30 Mai 1412. — Lettres de Charles VI.

« Charles, par la grâce de Dieu, roy de France... come icelle cité [de Saint-Flour] soit *très forte place près du duchié de Guienne et l'une des clefs de notre roiaume devers iceluy duchié...* en considéracion... de la grant et bonne loyaulté et vraye obéissance que les diz suplians ont toujours eue envers nous et que ilz ont plusieurs foiz mis en aventure leurs corps et emploié leurs chevances pour résister à noz ennemiz; plusieurs des habitans ont esté tuez et occiz. Et les plusieurs autres en sont venuz à si grant povreté que à peine ont de quoy vuivre... » (2).

15 Novembre 1419. — Lettres du même roi.

« Charles, etc... La dite ville et cité de Saint-Flour laquelle *est une des plus fourtes villes de ce royaume...* (3).

14-20 Mai 1437. — Lettres de Charles VII.

Mêmes motifs. Le roi autorise la ville à n'ouvrir ses portes à personne à la seule exception de « ceux qui accompagneraient le roi ou le Dauphin son fils *en personne* » (4).

---

(1) *Arch. Saint-Flour*, chap. X, titre I, art. 1, n° 14. Orig. sur parch.
(2) *Arch. Saint-Flour*, chap. II, art. 2, n° 61. Orig. sur parch. — Lettres patentes de Charles VII autorisant la ville de Saint-Flour à ne recevoir aucune personne armée s'il ne lui plaît, à moins qu'elle ne soit porteur de lettres patentes scellées du grand scel du roi.
(3) *Ibidem*, chap. II, artic. 2, n° 67. Orig. sur parch. jadis scellé.
(4) *Ibid.*, chap. III, art. 2, n° 11. Invent. de 1789, p. 82. — Nous n'avons pu retrouver l'original de ces lettres aux archives. Elles ont été accordées par Charles VII, à l'occasion de son séjour à Saint-Flour, du 14 au 20 mai 1437. — V. *Reg. de* 1437.

10 Juillet 1465. — Lettres de Louis XI.

« Louis, par la grâce de Dieu, etc..., en considération des grandes charges, guet, garde, fortifications et réparations que les habitants de Saint-Flour ont suporté et suportent pour la conservation de leur ville, en l'obéissance du roi ; laquelle ville et cité est de grande étendue, très ancienne, et *clef des pays d'Auvergne, Rouergue, Querci, Guienne et autres et l'une des plus fortes villes du roiaume...* » (1).

Juillet 1466. — Lettres du même.

« La ville de Saint-Flour, *la plus forte d'Auvergne et pais circonvoisins aiant fait boulevart et frontière à la Guienne et Gascogne*, pendant qu'ils étaient occupés par les Anglais (2). »

31 Juillet 1475. — Lettres du même.

« La ville et cité de Saint-Flour qui est de grande étendue, très ancienne, *clef des pais d'Auvergne, Rouergue, Querci, Guiene et autres, est l'une des plus fortes villes du roiaume* (3). »

Des lettres de François Ier, en 1538 (4); d'Henri II, en 1547-1559 (5), et de Charles IX, en 1560-1574 (6), d'Henri IV, s'expriment de la même façon.

A partir du xviie siècle, il n'y a plus ni portes ni clés dans l'intérieur du territoire. L'unité nationale est faite, les libertés municipales disparaissent. Voici venir le règne des villes de la plaine et du charbon. C'est bien fini du rôle historique de toutes ces braves petites villes guerrières ju-

---

(1) *Ibid.*, chap. IX, art. 2, n°s 30 et 31. Invent. p. 263.
(2) *Ibid.*, chap. III, art. 2, n° 4. Invent., p. 82.
(3) *Ibid.*, chap. IX, art. 2, n° 31. Invent., p. 263.
(4 à 6). *Ibid.*, chap. III, art. 2, n° 4. Invent., p. 82. Confirmations.

chées sur leur piédestal. Raison de plus pour ne pas les priver des gloires de leur passé.

Celle-ci mérite, en vérité, je ne dis pas une mention dans les annales de l'Auvergne, mais une place dans l'histoire de France pendant l'époque écoulée entre son démembrement et l'expulsion des compagnies anglaises. Et c'est avec la satisfaction de l'injustice réparée que je produis ici la preuve ignorée de ses souffrances et de son patriotisme, comme un titre que sa poignée de montagnards peut revendiquer à la reconnaissance du pays.

www.ingramcontent.com/pod-product-compliance
Lightning Source LLC
Chambersburg PA
CBHW070707050426
42451CB00008B/527